Minha vontade de vencer é maior

Cecilia Sfalsin

Minha vontade de vencer é maior

1ª reimpressão

Minha vontade de vencer é maior © Cecilia Sfalsin, 10/2018
Minha vontade de vencer é maior © Trinca Edições, 10/2018

Edição: Haley Caldas e Lucas Maroca de Castro
Capa: Maria Soledad Maroca de Castro
Projeto gráfico e diagramação: Haley Caldas
Revisão: Amanda Bruno de Mello

Dados Internacionais de Catalogação na Publicação (CIP) de acordo com ISBD

S522m   Sfalsin, Cecilia

Minha vontade de vencer é maior / Cecilia Sfalsin. - Belo Horizonte: Crivo Editorial, 2019.
88 p. : il. ; 14cm x 21cm.

Inclui índice.
ISBN: 978-85-66019-84-1

1. Evangelização. 2. Vida Cristã. 3. Autoajuda. I. Título.

2018-1370

CDD 269.2
CDU 266

Elaborado por Odilio Hilario Moreira Junior - CRB-8/9949
Revisado segundo o novo Acordo Ortográfico da Língua Portuguesa (Decreto Legislativo n°54, de 1995)

Índice para catálogo sistemático:
1. Religião 269.2
2. Religião 266

Trinca Edições (Este selo pertence à Crivo Editorial)

Rua Fernandes Tourinho, 602, sala 502
Funcionários - BH - MG - 30.112-000
contato@crivoeditorial.com.br
www.crivoeditorial.com.br
facebook.com.br/crivoeditorial
instagram.com/crivoeditorial
crivo-editorial.lojaintegrada.com.br/

SUMÁRIO

INTRODUÇÃO...11

SEJA O SEU AMBIENTE...12

A VIDA É MUITO BREVE..14

RESGATE A SUA FORÇA...16

VENÇA A SI MESMO...19

FOQUE NAQUILO QUE É SEU..21

TROQUE A MURMURAÇÃO PELA OR(AÇÃO).................................22

VOCÊ PRECISA SABER LIDAR COM SITUAÇÕES DIFÍCEIS...................25

AS SUAS ESCOLHAS SÃO SUAS ESTRADAS.................................29

ESTAR NO CHÃO NÃO SIGNIFICA ESTAR MORTO..........................32

AMIZADES SADIAS NOS SALVAM DE DIAS RUINS.........................36

REJEITE A REJEIÇÃO...39

CHORAR FAZ BEM..42

SE MEREÇA..44

A SABEDORIA ESTÁ COM OS HUMILDES....................................46

SEJA MELHOR A CADA DIA..49

A GENTE AGUENTA SIM..51

VENCENDO NOS RELACIONAMENTOS..53

NADA É EM VÃO...61

UM BILHETE POR 20 DIAS...63

RECOMENDAÇÕES FINAIS..84

AGRADECIMENTOS..85

A DEUS TODA HONRA E GLÓRIA.

"É necessário que ele cresça e que eu diminua.

Aquele que vem de cima é sobre todos."

(João 3:30,31)

PRÓLOGO

A você, que por carinho e gentileza começou a ler esse livro, dedico cada palavra, cada letra e cada experiência da minha alma. E com o coração grato, te desejo uma boa leitura e grandes (re)começos. Deus te abençoe.

Cecilia Sfalsin

INTRODUÇÃO

Eu tentei entender muita coisa em minha vida. Muitos acontecimentos me fizeram ficar sem noção do tempo e até de quem eu era verdadeiramente. Passei pela fase das escolhas erradas, das renúncias precisas e das perdas necessárias. Conheci o fundo do poço e entendi o que era dar a volta por cima de um jeito glorioso, sem carregar na alma 'vingancinhas' bobas.

Hoje escrevo para você um pouco do que vivi e do que eu aprendi com Deus. Sinto-me uma vencedora, mesmo com tantos caminhos pela frente e tantos planos em meu coração. Posso te dizer que lá naquele futuro distante a gente realmente entende o porquê dos nossos questionamentos e compreende que nada é em vão. Tudo tem um propósito e é isso que precisamos nutrir em nós.

Você vai entender, você vai perceber o quanto cresceu nesse chão em que você nunca imaginou se deitar. A dor e o sofrimento nada mais são do que sintomas de crescimento. Fazem parte do processo. A gente perde, a gente ganha, a gente cresce e aprende com as dificuldades da vida. Todos nós temos uma história que precisa ser vivida para depois ser contada. Eu só desejo que ao ler esse livro você chegue a uma resposta satisfatória e aprenda a esperar o tempo certo sem focar nas circunstâncias, e sim na fé que te faz seguir em frente, avançar, continuar e batalhar. Surpreenda-se, permita-se!

SEJA O SEU AMBIENTE

Até uns quatro anos atrás eu não imaginava que estaria aqui, escrevendo para você, tentando te mostrar algumas saídas básicas e importantes da vida. Eu não imaginei que teria um livro escrito e que já estaria escrevendo o meu segundo "queridinho" livro. É, a vida andou para mim, as coisas fluíram e eis me aqui: na realização de mais um sonho que até então estava longe de se concretizar. Ah, a vida realmente não brinca em serviço, e Deus também é surpreendente com a gente. Ele colocou em meu caminho pessoas que se dispuseram a trabalhar nessa obra comigo, Ele criou situações, Ele fez com que eu enxergasse nitidamente que o impossível não existe para Ele e que se a gente acredita, a gente consegue. Eu criei um ambiente para mim e mergulhei nele sem ter medo de ser feliz. Eu fui à luta e batalhei pelo que desejava o meu coração. A minha vontade de vencer foi maior que tudo, mas os desafios foram penosos também. Quanto mais a gente caminha, quanto mais a gente espera, quanto mais a gente decide exercer a fé, mais cansados ficamos, mas o segredo da vitória está na vontade e não na distância. Está no tempo certo e não na pressa. Querer a todo custo, se dispondo a arriscar, é, sim, uma virtude e também um antídoto para cada projeto que temos. Chamaram-me de sonhadora e eu concordei: eu sou e continuarei sendo enquanto eu respirar. Vivo de certezas não vistas, de fatos não acontecidos, de sentimentos não vividos e guardo tudo dentro de um "ainda" que se encaixa bem na palavra "esperança" para cada coisa que eu ainda almejo conquistar. Meu coração sempre será sonha(dor), e talvez seja por isso que ele bate tanto cada vez que Deus me diz: continue! Deve ser por esse motivo que ele faz com que os meus olhos lacrimejem cada vez que eu ultrapasso um obstáculo ou venço uma batalha. Sinto-me protegida, guardada e cuidada por Aquele que me faz sonhar. E não sei como agradecê-lo por cada livramento que recebo. Atualmente estou vivendo um tempo bonito. Fácil, não, mas bonito. Perfeito, não, mas interessante. Impossível, não, mas distante. E desistir é uma palavra que deletei do meu dicionário porque eu ainda sou daquelas que acredita, sonha e crê nos planos imensuráveis do Senhor para a minha vida e no tempo aceitável Dele também. Meu ambiente é aquele que me distancia da incredulidade, do medo e de todo e qualquer pensamento contrário à minha fé. Portanto, alguns conselhos deixo para você: não se limite a viver a sua vida e, por favor, RESPEITE A SUA HISTÓRIA.

A VIDA É MUITO BREVE

A vida é muito breve e eu gostaria que todos entendessem a força que tem o tempo e o quanto ele é impetuoso. Gostaria que todos compreendessem também que precisamos vivê-la colecionando valores reais gerados pelo bem que fazemos, pelo amor que doamos, pela importância que temos e pelo tanto que significamos para Deus e para todos aqueles que nos amam exatamente como somos. Eu gostaria mais ainda que todos olhassem para cada dia permitido como uma oportunidade de viver e fazer diferente. Adquirindo, assim, experiências novas em cada situação, sem se autodestruir por aquelas que não foram agradáveis ou fáceis. A nossa história é construída de acordo com os acontecimentos ao nosso redor e cada um deles nos prepara para algo extraordinário. Você nasceu para vencer todos os dias, mesmo que aparentemente não haja uma saída ou uma solução favorável. Você nasceu para fazer a diferença por onde quer que você vá. Independente das batalhas que trava, você nasceu com propósitos e essa vontade de mostrar ao mundo que nada é maior do que a sua fé em Deus.

Não, não somos fortes o tempo todo, mas te garanto que, para nós mesmos, dentro do nosso eu e do nosso querer estar bem com a gente mesmo, há uma força tremenda que não cessa, não descansa e não nos deixa desistir mesmo nas piores situações da vida. Podemos passar por dores terríveis, mas bem no profundo da nossa alma estaremos nos dando uma ordem: fica de pé, continua, você precisa reagir. Você precisa se manter acordada diante desse vento forte que está tentando te derrubar. Eu acredito muito nessa força que está dentro da gente nos obrigando a prosseguir.

RESGATE A SUA FORÇA

*Quando a força desaparece ficamos
desmotivados, inquietos e sem chão.*

Ausência de força é sinal de alma abatida e coração inquieto. Sempre quando eu leio algo do tipo "estou sem forças", "não tenho ânimo para nada", "minha vontade é de desistir de tudo", "sumir", "desaparecer", logo penso que esse processo todo é consequência de uma dor inesperada que foi gerada através de alguma situação constrangedora ou de um acontecimento repentino e decepcionante. E, a partir do momento que alguém começa a se rejeitar, a abrir mão da sua vida, a não querer mais se manter presente, é porque aquele sofrimento está sendo maior do que a sua fé e mais intenso do que sua vontade de viver. A palavra de Deus nos fala do profeta Elias (1 Reis 19), que enfrentou grandes batalhas em nome do Senhor, mas, quando se viu desafiado por Jezabel, sentiu medo e fugiu para o deserto.

Então Jezabel mandou um mensageiro a Elias, a dizer-lhe: Assim me façam os deuses, e outro tanto, se der certo amanhã a estas horas não puser a tua vida como a de um deles. (1 Reis 19:2)

Ela já havia promovido a morte de muitos outros profetas. Elias se sentiu desafiado e por esse motivo o desespero invadiu a sua alma a ponto de fazê-lo passar dias fugindo, enfrentando sol e chuva até se cansar, se render ao sofrimento e desejar a própria morte.

*O que vendo ele, se levantou e, para escapar com vida,
se foi, e chegando a Berseba, que é de Judá, deixou ali o
seu servo. Ele, porém, foi ao deserto, caminho de um dia,
e foi sentar-se debaixo de um zimbro; e pediu para si a
morte, e disse: Já basta, ó Senhor[...]* (1 Reis 19:3,4)

Elias orou ao Senhor, se sentindo inútil, sem forças e desencorajado, e logo caiu no sono, acordando com um toque de um anjo que dizia: "Levanta-te e come". Ele se levantou, comeu e dormiu de novo. Elias estava como você, que está lendo essa mensagem e se sentindo a pior pessoa desse mundo. Ele não queria ficar de pé, não conseguia sair do lugar, não tinha mais forças dentro de si, procurava se esconder, se esquivar de tudo e todos, não tinha mais segurança em nada que falava ou fazia. Se fortalecia em um dia, desanimava no outro. Se sentia sozinho. Ele enfrentou todos os obstáculos internos que você pode imaginar, viu o poder da natureza sendo manifesto através do vento, do terremoto e do fogo para perceber que era na calmaria que Deus estava, e que Ele era maior que tudo. Assim como Elias, a sua importância para o Senhor é imensa e não há nada maior do que Ele em sua vida. Não há fundo do poço que o faça desistir de você, é de lá, onde muitos pensam que é o seu fim, que ele te resgata. Os dias ruins vêm, mas passam. Você não está sozinho nessa. Acalme-se e fique de pé. Tudo passa. Os desafios surgem, mas tudo passa. O medo vem, mas tudo passa. A vontade de largar tudo e se isolar vem, mas tudo passa. É necessária uma permissão nossa, uma reação, uma vontade, ainda que difícil, para haja cura, força renovada, encorajamento e fé.

A nossa força está naquilo que conseguimos vencer em nós, mesmo que o nosso eu diga: "não dá", "não vou conseguir", "não sou capaz". Está na nossa capacidade de superação. Está na profundidade dos nossos sentimentos e na permissão que damos a nós mesmo de ultrapassar tudo aquilo que não nos faz crescer em nada. A nossa força está na humildade e simplicidade do nosso coração e dos nossos pensamentos.

VENÇA A SI MESMO

[...] pois o homem é escravo daquilo
que o domina. (2 Pedro 2:19)

O seu maior adversário é a sua própria carne, é quando você precisa vencer a si mesmo para não ter que perder a compostura. É quando você precisa se olhar com mais delicadeza e valor para não acreditar na língua desenfreada dos outros. É quando você precisa controlar as suas emoções para não ser dirigido pelos seus sentimentos, e sim pela sabedoria de Deus. Não é fácil dominarmos os nossos próprios atos ou a nossa própria boca, não é fácil nos controlarmos diante de uma situação que exige mais de nós do que dos outros, mas é muito preciso. Já vi gente se ferir por não saber se dominar. Perder a razão e não ter noção do mal que estava cometendo contra si mesmo. Quando eu digo que é necessário entender o nosso limite e saber o momento certo de se retirar e se proteger, eu estou dizendo que o nosso emocional precisa de equilíbrio e que agir sem pensar impulsivamente só nos trará consequências desastrosas. Vivemos em um mundo em que o diálogo, o respeito, a boa educação e o bom entendimento estão escassos. As pessoas não se controlam mais, não sabem respirar gentileza, não conseguem resolver as suas insatisfações sem fazer barulho. As relações estão esfriando com a falta de consideração e calor humano. As pessoas estão se distanciando umas das outras por intolerâncias e, se não nos dispusermos a melhorar o nosso eu, se não trabalharmos em nós a humildade, a simplicidade, o domínio próprio, se não soubermos o limite da sensatez e o poder dos nossos sentimentos, não chegaremos a lugar algum. Davi venceu um urso, um leão, um gigante e um rei que almejava a sua morte, mas não conseguiu vencer os seus próprios sentimentos quando almejou a mulher do seu próximo, quando desejou a morte do seu melhor e mais fiel soldado, quando se perdeu dentro de si mesmo, desagradando a Deus e colocando em risco a sua própria reputação diante do seu povo. Ele era um homem corajoso, estratégico e sábio, mas, quando precisou se vencer diante do mal que dominava os seus pensamentos e sentimentos, fraquejou e pagou um alto preço pela sua péssima escolha. Nosso pior inimigo é aquele que a gente não vê e não toca, mas se abriga dentro da gente em forma de sentimentos perigosos. É aquilo que nos domina a ponto de desejar o mal do outro. É aquele que nos faz perder o temor a Deus para agradarmos aos nossos próprios desejos. Comece a fazer a diferença no seu trabalho, na sua casa, com os seus amigos, com a pessoa que você ama impondo para si as regrinhas abaixo. Isso te fará se sentir mais seguro e mais leve também, com a sensação de controle de si mesmo.

- **Preciso contar até dez ou até mil antes de falar ou agir;**
- **Diante de uma afronta, a sabedoria é mais forte;**
- **Não preciso provar para ninguém quem eu sou;**
- **Não tenho tempo a perder com o que não me edifica;**
- **Não devo ser dominado pela ira ou pela inveja;**
- **Devo me controlar, e não ser controlado.**

FOQUE NAQUILO QUE É SEU

Você pode perder o melhor da sua vida focando na vida alheia. Preocupando-se com a vida do outro de forma negligente, culpando os outros por tudo de ruim que te acontece ou por tudo de bom que ainda não te aconteceu. Se você faz parte do time que vive criticando, apontando dedos ou acusando simplesmente por estar insatisfeito com o crescimento do outro ou com a sua forma de viver, é hora de parar e olhar para dentro de si mesmo. É hora de começar a resgatar os seus valores e descobrir o que você tem de interessante que não inclui a vida do outro, mas a sua. É hora de você dar um passo certeiro e saber dar importância a quem você é e ao que você possui. Deus tem um plano para cada um de nós, uma história, um propósito que difere de tudo aquilo que ele tem para o outro. Às vezes, por um pequeno vacilo nosso, perdemos a nossa grande chance de avançar, crescer, conquistar tudo o que o nosso coração deseja. O segredo de ser e ter está na forma como nós nos tratamos. Se você pensa que o outro é mais inteligente, mais notado, mais bem-sucedido que você, automaticamente você está se diminuindo e, é claro, se desprezando, perdendo o foco.

TROQUE A MURMURAÇÃO PELA OR(AÇÃO)

Eu achava que tudo se resolvia no grito e que era bonito a gente ser sincero demais, verdadeiro demais, transparente demais, até eu descobrir que tudo em excesso faz mal. Até eu aprender que o uso indevido das nossas palavras nos conduz ao fracasso, até eu compreender que o jeito mais fácil de se resolver um problema quando este aperta a nossa alma é pela oração, é através da nossa intimidade com Deus, é relatando para ele o que estamos sentindo e o que anda acontecendo em nossa vida. Não que Ele não saiba, mas muitas vezes Ele espera de nós o que um bom pai espera de um filho: confiança. O desespero nos distancia das bênçãos e nos faz ter atitudes impulsivas, impensadas e perigosas; nos torna amargos e desacreditados e nos rouba a paz. Quando abrimos a nossa boca para murmurar, damos lugar ao medo e consequentemente os nossos pensamentos mudam em relação a tudo o que somos e temos. Nos desvalorizamos, nos sentimos diminuídos, fragilizados e abandonados por Deus e por todos. O murmurador, além de espalhar negatividades, além de contaminar quem está a sua volta, também é autodestrutivo. Não semeia coisas boas porque o seu coração está voltado para o mal que o acompanha. Não consegue se aquietar porque a sua alma está amedrontada pelas circunstâncias. Trocar a murmuração pela oração é o mesmo que você tirar os olhos daquilo que o problema te mostra e colocá-los naquilo que o Senhor te promete. Se as coisas estão indo de mal a pior, ore. Se os dias estão cinzentos, ore. Se o seu coração não está bem, ore. A oração é o meio mais sensato e ligeiro de chegarmos até Aquele tudo pode fazer por nós.

Enquanto vida tivermos, seremos desafiados pelo tempo e pelas circunstâncias. E, enquanto a nossa confiança estiver em Deus e a nossa fé firmada em seus propósitos, venceremos pela Sua força, que nos rege. Somos o Seu melhor projeto.

VOCÊ PRECISA SABER LIDAR COM SITUAÇÕES DIFÍCEIS

Você precisa saber lidar com aquilo que tenta sabotar a sua força. Você precisa encarar o problema e dizer a ele que a sua vontade de vencer é maior e que nada rouba de você a fé, a esperança, a coragem ou os bons sentimentos. O que está acontecendo com você? O que está afligindo a sua alma? O que está te fazendo ficar desmotivado e triste? Pergunte-se isso várias vezes e, depois de obter as respostas precisas, reaja. Todos nós passamos por dificuldades, problemas e decepções. Todos nós temos uma história tempestuosa para contar, mas isso não quer dizer que o fundo do poço é o nosso fim, pelo contrário, as lutas também se tornam treinamentos, preparação, e quanto mais batalhamos, mais fortes ficamos. Certa vez, uma amiga me disse que a vida dela estava de cabeça para baixo, que o casamento dela estava por um fio, sem dizer que financeiramente tudo estava uma derrota. Era visível o seu sofrimento, e eram visível os sintomas de desistência também. Os cansaços da alma, quando chegam, conseguem transformar o nosso semblante. Nos tornamos pessoas arredias, quietas e na maioria das vezes sem humor algum. Principalmente quando o problema envolve o nosso coração, quando queremos que algo de extraordinário aconteça rápido e nos tire daquela situação, daquele estado de humilhação e fracasso. As suas dificuldades não são maiores do que o poder de Deus em sua vida e, se você souber remar nesse mar revolto, se você souber driblar as ondas e olhar para a frente sem temer a escuridão, sem fraquejar, sem se entregar totalmente, você vai conseguir vencer. Você vai sair dessa para contar história. Quando começamos a conversar com ela, expôs os seus medos, todas as suas dores e começou a se culpar por tudo de errado que estava lhe acontecendo, como se a única culpada por todo desastre no seu lar fosse apenas ela. Depois de uma longa conversa eu disse a ela o seguinte:

1 – Se perdoe: você precisa se perdoar, se cuidar, se tratar do mal que anda sentindo para que o seu coração se reconstrua e ganhe forças. Você precisa se olhar com mais valor, se merecer, se entender e se querer bem; lutar e não se entregar.

2 – Exerça a gratidão: você está viva e isso já basta para você entender que não está só, que Deus tem te dado oportunidades e que as portas vão se abrir a qualquer momento. Nenhuma luta é eterna, no dia seguinte as coisas se ajeitam, sim. Tudo é uma questão de fé e confiança. Tudo é uma questão de coragem e determinação, mesmo que fisicamente você não esteja conseguindo.

3 – Não se desespere: o desespero não resolve problemas, não ameniza dores, não constrói nada nem tranquiliza o nosso coração. Pelo contrário, nos tira da direção, nos deixa sem motivação, nos causa ansiedades e nos faz acreditar que estamos sem saída. Ao invés de se desmoronar, ore, fale com Deus, desabafe e se fortaleça Nele.

4 – Traga à sua memória aquilo que é capaz de te devolver a esperança (Lamentações 3:21). Comece a resgatar de dentro de você as vezes que você passou por situações semelhantes ou até maiores e venceu. Comece a voltar no tempo e se lembrar que você também pensou que não daria certo e deu, que você também pensou ser o fim e tudo novo se fez, que você também achou que seria impossível e Deus te surpreendeu. Isso fará com que o seu coração descanse, que as coisas melhorem dentro de você e na sua vida, por inteiro, também.

A ansiedade é o resultado natural de centralizarmos nossas esperanças em qualquer coisa menor do que Deus e Sua vontade para nós. (Billy Graham)

Foque no que é prioridade e vá levando como der o que não for, mas não se atrase pelo que não vale a pena ou pelo que não muda nada em você. Não se abandone, não se dê por vencido diante de uma luta nem coloque em jogo a sua paz e o seu bem-estar com você e com Deus por situações que realmente não merecem a sua atenção nem o seu tempo.

AS SUAS ESCOLHAS SÃO SUAS ESTRADAS

Eu sempre escrevo sobre escolhas porque elas são definições de vida. Cada passo que você dá é uma decisão tomada que partiu do seu pensamento, é comandado por você. Somos livres para ir e vir, podemos decidir o que queremos vestir, comer, com quem queremos interagir, quem queremos manter do nosso lado e até o que fazer diante de qualquer situação, seja ela boa ou ruim. O sim e o não pertencem a nós, podem sair dos nossos lábios, são uma ordem que damos a nós mesmos. A partir do momento que fazemos escolhas decidimos alguma coisa em nossa vida e renunciamos a outras também. Só não podemos nos esquecer que todas elas geram consequências. É por esse motivo que precisamos nos aconselhar com pessoas certas, nos orientar com Deus, termos sensatez e sabedoria para não nos precipitarmos naquilo que provavelmente será determinante para o nosso futuro. Suas atitudes demonstram quem você é e registram quem você pode ser. Li uma frase muita interessante em que Lou Holts diz o seguinte: "Habilidade é a sua capacidade de fazer algo. A motivação determina o que você faz. E a sua atitude demonstra quão bem você o faz." Se você não tem habilidade e consciência em suas escolhas, você se torna incapaz de se realizar. Essa incapacidade te torna uma pessoa sem direção, sem segurança e sem determinação. Já recebi mensagens de várias pessoas contando sobre os seus fracassos, dores e sofrimentos, e a maioria delas se culpavam por algo que não deveriam ter feito, mas, por impulsividade e ansiedade, fizeram, colocando a perder tudo aquilo que um dia lutaram pra ter. Somos livres para fazermos escolhas, Deus nos deu esse privilégio, porém não podemos nos esquecer que Ele também fez planos para nós, Ele também escreveu uma história para nós, Ele também escolheu algo para nós e o que vem Dele é perfeito e vai muito além do que qualquer outro desejo do nosso coração. Em Provérbios 17:3, se diz: *"O crisol é para a prata, e o forno para o ouro, mas o Senhor prova os corações."* Vocês sabem o que eu aprendo com isso? Que Ele coloca na mesa a Sua proposta e deixa em nossas mãos a decisão. Portanto, leve a sua vida mais a sério, respeite o seu coração, tire a sua visão daquilo que aparentemente está te fazendo bem, mas aos poucos está te destruindo, te anulando, te levando a ter atitudes fora da sua realidade. Quando você insiste em um namoro que te deu provas suficientes de que não está te fazendo bem, você está escolhendo um futuro perigoso e talvez sem volta. Quando você mantém uma amizade com alguém que só te leva para caminhos tortos, que não te oferece nada de bom, que só te diminui que só te oferece o pior de si, você só está construindo uma ponte perigosa, e a queda poderá ser desastrosa. Em todas as áreas da nossa vida, precisamos ser prudentes e cautelosos. Precisamos olhar além das aparências e tomar decisões certas, mesmo que nos custem renúncias doídas.

Saiba que você ainda tem muito chão pela frente e que muitas coisas ainda vão te acontecer, muitos vão estar do seu lado, mas muitos vão abandonar você. Alguns dias serão difíceis, outros prazerosos, alguns momentos de sorrisos, mas outros de lágrimas, alguns com o coração acelerado, mas outros com ele apertado. Saiba que nada nessa vida é fácil e, para que algo de extraordinário e lindo nos aconteça, é necessário passarmos pelas provas para alcançarmos o desejado do nosso coração.

ESTAR NO CHÃO NÃO SIGNIFICA ESTAR MORTO

Os obstáculos existem para todos. Você vai vencer um, respirar fundo e, quando menos esperar, vai surgir outro, sabe por quê? Pessoas que têm sonhos, metas, planos, objetivos e desejos grandes vão ser sempre desafiadas pela vida, em qualquer situação. E em muitas delas serão golpeadas e jogadas ao chão. Você já passou por grandes adversidades, por muitas turbulências e sobreviveu, lembra? O pior de tudo isso é que, quando nos vemos em uma tempestade, focamos mais na sua força do que na força que nos rege, que é garantida, real e divina. Tememos os ventos por pensarmos que eles são superiores a tudo que já vencemos um dia. Deixamos de acreditar. Uma coisa é você estar morto, sem chance alguma de recomeço, outra é você olhar para a situação, saber que está ferido, mas entender que mesmo sem forças você ainda respira e o seu coração ainda diz que você está vivo. Posicionarmo-nos diante do problema ou da dor já é uma afronta ao que vem para nos destruir. Posicionar-se significa assumir o controle daquilo que é possível para você e deixar o que é impossível pra Deus resolver, mas jamais se achar incapaz diante de toda e qualquer situação difícil. Jamais entregar os pontos, desistir, abrir mão da sua vida por algo que pode ser vencido por você através da sua fé. Não se sinta impotente, é do chão que nascem os grandes heróis. É de histórias superadas que se formam os grandes guerreiros. O chão nada mais é que um processo de reconstrução. Doído e humilhante, talvez, mas muito necessário para que em nós floresçam a esperança, a coragem, a autoconfiança, o amor próprio e a certeza de que, por mais que o universo inteiro nos abandone, Deus permanece fiel e do nosso lado. Todos nós temos uma história para contar e nem todos os capítulos são de risos e aplausos. Muitos deles tiveram lágrimas, tristezas, cansaços, desânimos e adversidades, mas em todos eles nós fomos abençoados com experiências, aprendizados e lições. Nada é em vão, nada é por acaso, tudo tem propósitos, e nós fazemos parte dele. Entender os desígnios do Senhor, crer que no tempo certo as coisas acontecem e acreditar que precisamos apenas confiar, obedecer e não desistir diante das circunstâncias não é fácil. Prova disso é a história de José, que, por ser o filho mais amado de seu Pai, foi maltratado e vendido pelos seus próprios irmãos por pura inveja.

23 E aconteceu que, chegando José a seus irmãos, tiraram a José a sua túnica, a túnica de várias cores que trazia. 24 E tomaram-no e lançaram-no na cova [...]
(Gênesis 37:23,24)

Antes de lançá-lo à cova, os irmãos dele lhe tiraram a capa, ou seja, tiraram dele um bem precioso, presente de seu pai, mas não lhe tiraram a fé. José sofreu, teve que se adaptar a uma vida que não era a sua, foi humilhado e ignorado por diversas vezes e, quando pensou que as coisas estavam começando a chegar no lugar, quando começou a conquistar o seu espaço, a ganhar a confiança de Potifar, foi assediado pela mulher deste e, por resistir ao mal que lhe rodeava, foi acusado de algo que não fez. E lá estava ele, preso por calúnia, sendo difamado, injustiçado e envergonhado. O que eu quero que você entenda, é que nem sempre somos provados por um erro ou uma escolha malfeita, nem sempre passamos por lutas porque em algum momento da vida a gente vacilou com Deus.

Às vezes, nos culpamos por algo que não fizemos e nos questionamos o porquê disso ou daquilo quando, na verdade, o que mais tentamos fazer foi obedecê-lo, embora sejamos tão falhos. José passou por grandes desafios, e acredito eu que muitos deles trouxeram várias perguntas ao seu coração, assim como acontece com a gente, porém o Senhor estava com ele, tinha propósitos com ele e trabalhou de forma tão linda em sua vida que o fez ganhar a simpatia do carcereiro, que por sua vez o colocou como responsável por todos os presos. Ele estava no meio dos Egípcios, mas não se esqueceu de quem era. Não deixou de ser hebreu. Não abandonou os seus princípios.

Ali, na prisão, ele começou a ser honrado e, mais tarde, a honra foi maior, de prisioneiro ele passou a ser o braço direito do faraó a prosperar naquilo em que ele colocava as mãos (Gênesis 38,39,40). Ele estava sendo preparado por Deus. Tem certas adversidades cujo porquê a gente não entende, certas dores que realmente não sabemos quando vão passar, mas acredite: é na nossa aflição, é onde ninguém nos estende as mãos que o Senhor age, é na terra que nos oprime que ele nos honra, é na nossa paciência e confiança que ele decreta a nossa vitória. Sim, Ele não nos deixa só. Aguente mais um pouco! Ele só está te preparando.

Não importa o quanto esteja sendo difícil, você será honrado, abençoado, exaltado por aquele que tem um compromisso com a sua vida.

AMIZADES SADIAS NOS SALVAM DE DIAS RUINS

Eu tenho o meu grupo seleto de amigos. Pessoas em quem confio, com quem gosto de conversar, com quem me sinto bem para falar sobre qualquer assunto sem ter que pisar em ovos, sem ter que ficar pensando no que dizer para não ser julgada ou mal interpretada por uma brincadeira ou palavra. Tenho meus 'contatinhos' sim e me sinto super à vontade na presença deles. Pessoas normais, humanas, que também se irritam comigo de vez em quando, mas que continuam sendo amigas, sendo leais ao laço que nos une. Relacionamentos sadios nos cobram responsabilidades com o nosso bem-estar e com o bem-estar do outro, e isso nos torna melhores porque aprendemos a respeitar os nossos sentimentos e os sentimentos do outro também. Amizade para mim é descanso, é aconchego, é casa em que a gente entra a fim de se esconder um pouquinho das nossas obrigações diárias. Não podem nos sobrecarregar, nem nos privar de sermos quem somos. Não podem nos impedir de nada. Tem que ser livre e prazerosa também. Tem que respeitar o nosso espaço, a nossa vida, o nosso jeito e a nossa vontade, ainda que seja contrária à dele. Não estou dizendo que amigo tem que ser perfeito. Amigo tem que ser humano e solícito. Tem que falar a verdade quando necessário, mas sem querer impô-la à nossa vida. Quando você se envolve com pessoas que agregam, você se preserva de problemas e se protege de decepções futuras. A mente agradece e o coração também. A gente precisa ter e ser amigo. A gente precisa ser o que deseja que o outro seja com a gente, lembrando sempre que todo e qualquer relacionamento requer reciprocidade. Eu tenho aqueles que são memoráveis em meu coração, que me são importantíssimos, mesmo que distantes. Há saudades que são gostosas de sentir, mesmo que doídas vez em quando, há pessoas que vale a pena carregarmos para a vida toda, pelo tanto que já nos ajudaram, pelo tanto que já torceram pela gente, pelo tanto que ainda significam para nós. Falo desses laços bonitos que não se desfizeram com o tempo, nem com as circunstâncias e que só nos trouxeram cura; falo de gente sincera, leal, forte de sentimentos e com pensamentos próprios. Hoje em dia é tão raro podermos contar com alguém inteiro, sem meias voltas, com alma sadia, e é por esse motivo que prezo tanto quem eu consegui conquistar com estas tantas imperfeições que tenho. Além do amor supremo do Senhor, Ele nos presenteou com gente capaz de nos carregar no colo, Ele colocou do nosso lado aqueles que vão nos amar de verdade, que serão capazes de um tudo pela gente e que não vão nos abandonar quando as suas necessidades exigirem. Todos nós precisamos de amigos sim, não tem esse ou aquele que se supera de uma queda sozinho. Pensarmos que todos vão nos decepcionar ou trair por causa de alguém que não respeitou os nossos sentimentos e valores é tolice. Portanto, um conselho bem meu para você é: se o peito apertou, se os pensamentos negativos te bateram forte, se a vontade de fazer besteiras for imensa, procure ajuda, procure aquele amigo com quem você sabe que pode contar, porque tem dias que, realmente, a gente não aguenta, os problemas sufocam, as frustrações pesam e precisamos, sim, de alguém que nos ouça, nos oriente corretamente, de alguém que ore pela gente, que nos ajude a entender o cuidado de Deus e que nos mantenha de pé e com fé.

REJEITE A REJEIÇÃO

Eu não diria que é capricho, imaturidade ou criancice. Toda e qualquer rejeição é doída, seja ela gerada pelo fruto da nossa imaginação devido a um passado ruim e cheio de descasos, seja pela indiferença nitidamente exposta de alguém. A não aceitação nos deixa desmotivados ou nos leva a tentar ser o que não somos para nos encaixarmos no mundo de alguém. Quando você se impede de ser quem você é por medo de não ser aceito ou se esconde em um mundo só seu com medo de que alguém venha a lhe ferir por não se agradar de você ou por não aprovar o seu jeito, a sua fé, ou as suas vontades, você simplesmente está se negando a viver e permitindo que os outros ditem as regras da sua vida. Não podemos mudar o pensamento ou as atitudes dos outros em relação a nós, até mesmo porque cada um vive e pensa à sua maneira, além de ser totalmente livre em suas escolhas; mas podemos mudar o nosso pensamento em relação a nós mesmos e passarmos a nos cuidar mais ao invés de nutrirmos o que não nos acrescenta em nada. Quando alguém nos rejeita não é porque somos as piores pessoas desse mundo, e sim porque não conseguimos superar as expectativas que ele criou a nosso respeito acreditando que seríamos exatamente como ele planejou que fôssemos. Ou talvez por sermos exatamente aquilo que ele não queria que fôssemos e, para lidarmos com essa situação sem nos deprimir, ou nos sentirmos inferiores, precisamos acionar o botão do amor próprio, acendermos as luzes do respeito, abrirmos as janelas da nossa alma e deixarmos entrar em nós os afetos sinceros de quem nos admira verdadeiramente, e o automerecimento. Reconhecermos em Deus o grande valor que temos, nos darmos uma nova chance de mudança sem ficarmos tão apegados a não aceitação dos outros e não permitirmos com que esses sentimentos destrutivos de autodepreciação se alojem em nosso coração e nos paralisem.

Eu choro, sim, quando quero chorar eu choro, e fique sabendo que choro muito mesmo... Ninguém pode impedir meus sentimentos de serem o que querem. Se eles se transformaram em lágrimas, então que transbordem, mas que me aliviem por dentro...

CHORAR FAZ BEM

As lágrimas têm um poder incrível de nos tirar do sufoco, de nos arrancar do chão, de nos desprender da dor. Quando choramos botamos para fora tudo o que estamos sentindo, é como se permitíssemos que o solo do nosso coração fosse lavado. A nossa alma começa a empurrar para fora tudo o que aperta, que ocupa lugar, que machuca, que destrói algo em nós. A princípio parece ser desespero, e talvez até seja, muitas vezes, mas é só depois das lágrimas derramadas que conseguimos respirar e tomar decisões. Em muitas situações da minha vida me salvei através das lágrimas, principalmente quando as derramei diante de Deus em busca de consolo e resposta. Deixei que elas falassem por mim e, acreditem, elas são melhores do que nós nas palavras. São mais sábias e reveladoras, são necessárias e objetivas. Não estou me referindo a um choro de lamentação e culpa, mas de envolvimento consigo mesmo. A seca faz com que a terra não dê frutos, com que as sementes não germinem, com que os jardins não floresçam. A seca faz com que as feridas cicatrizem apenas por fora, e a cura completa começa de dentro para fora. Chorar alivia a dor.

Amor e valor é a gente que se dá em primeiro lugar. São virtudes inquestionáveis que precisam ser levadas a sério. Se alguém falha com você ou fere os seus sentimentos não quer dizer que ele é responsável pelas suas desistências, nem culpado pelas dores que você, por se sentir ofendido e sem chão, decide carregar. A gente tem que aprender que quem tem acesso ao nosso coração, além de Deus, somos nós, e dele devemos cuidar.

SE MEREÇA

Houve uma época em minha vida que eu desejei ser muito importante para as pessoas à minha volta e acredito que todos nós passamos por essa fase. Desejei ser notada, amada, admirada, desejei que certas pessoas estivessem no topo da minha torcida e gritassem mais um em cada acerto meu. Desejei respeito e admiração também. Desejei um "eu te amo", um "eu preciso de você", um "eu sinto a sua falta". Desejei que algumas pessoas ouvissem as urgências do meu coração e compreendessem o quanto elas significavam para mim, o quanto um simples gesto delas era importante, mesmo que parecesse banal para elas. Nós desejamos tanta coisa quando estamos carentes e desiludidos da vida que nos esquecemos de nos desejar amor e sucesso. Nós esperamos tanto que as coisas mudem e aconteçam da nossa maneira que deixamos de lado os nossos valores e desprezamos até a vontade de Deus em nós. Nós desejamos tanto sermos notados pelos outros que não notamos o quanto estamos nos diminuindo para caber no mundo dos outros. Desejamos tanto sermos importantes para os outros que ignoramos totalmente aquilo que somos na vida e no coração de quem nos quer bem de verdade, de quem está sempre do nosso lado. De tanto desejar eu passei a acreditar que eu não seria capaz de conquistar, que eu não era sociável, e isso causou um estrago enorme em minha autoestima. Culpa dos outros? Não, culpa minha que não me cuidei, não me amei, não me protegi, não me olhei com mais respeito. Há certas descobertas que doem na alma da gente, que nos fazem desacreditar em nós mesmos, que nos tiram toda a sensibilidade e embrutecem o nosso coração. Digo para você: Os outros fazem parte da nossa vida, mas não comandam os nossos sentimentos. O seu pensamento precisa ser mais otimista. Ninguém é igual a você, ninguém pode ser você. Eu me escondi por muito tempo naquilo que eu criei dentro de mim, de que "ninguém me ama, ninguém me quer", e naquilo que muitas vezes nutri através da maldade de alguém de se achar superior a mim. Mas, aos poucos, e à medida que Deus foi me mostrando o quanto eu era importante, aprendi que primeiro a gente tem que se merecer, depois a gente dá espaço para que alguém nos mereça pelo que a gente é de verdade, e pelo melhor que a gente tem sem fazer tanta força. Acredito que, quando chegamos nesse estágio do automerecimento, o que pensávamos ser tão difícil começa a caminhar em nossa direção e o que é para ser, acontece. Tudo tem o tempo certo e o jeito certo também. Não podemos esperar que as pessoas nos respeitem, nos deem bom dia, boa tarde ou boa noite para nos sentirmos bem e importantes. Precisamos sair do lugar, nos familiarizarmos com a vida, sermos diferentes, dar o nosso melhor independente do que os outros pensem ou fale sobre nós. Precisamos aprender a ser aquilo que esperamos que os outros sejam para nós.

Na corrida para o sucesso muitos se perdem no orgulho e deixam pelo caminho seus maiores valores, o amor e a humildade.

A SABEDORIA ESTÁ COM OS HUMILDES

Quando vem o orgulho chega a desgraça,

mas a sabedoria está com os humildes.

(Provérbios 11:2)

Aprendi a trazer para a luz da palavra todo conselho, toda opinião e toda informação que recebo, seja lá de quem for. E a procurar um discernimento através do que Deus tem para a minha vida, ao invés de me alimentar daquilo que não vai mudar nada em mim e entristecer o meu coração com o que realmente não tem procedência divina. *A árvore se conhece pelos seus frutos* (Mateus 7:20), muitas delas aparentemente são boas e frondosas, mas nem todos os seus frutos são bons. Alguns até dão água na boca, mas só com uma mordida podemos descobrir que o seu conteúdo e o seu sabor não condizem com o que apresentam por fora, não exalam bom cheiro, não há verdade. *O Espírito Santo de Deus habita aonde há liberdade* (2 Coríntios 3:17) e muitas vezes se afasta daqueles que, por altivez, se esquecem dos seus primeiros começos. O orgulho é uma ferramenta poderosa que eleva o coração de muitos e os coloca exatamente onde sonham estar, além de trabalhar sagazmente em sua alma e mente fazendo com que se sintam superiores a tudo e todos. Ele também tem o poder de tampar a visão de uma pessoa em relação à sua vida, aos seus amigos, à sua família, alimentando-se de elogios excessivos e fazendo com que acredite em uma autoridade altiva e aparentemente humilde, quando, na verdade, o seu objetivo é destruir a personalidade, o caráter e a integridade de uma pessoa lentamente. Hoje eu sei o quanto é importante nos policiarmos e aprendermos a dizer sim e não para nós mesmos e para os outros, quando o negócio é se cuidar para Deus e entender a vontade Dele para nossa vida. No coração do orgulhoso reside a afronta e dele procede a discórdia. Devido ao seu sentimento altivo ele também não sabe ouvir, nem se dá conta de que a ruína se aproxima e de que aos poucos o seu dom, o seu talento, a sua unção, a sua simplicidade e até mesmo a sua paz vão se perdendo pelos caminhos que ele mesmo escolheu seguir. O caráter de uma pessoa não se define pelo que ela é ou tem, mas pelo que ela faz, pelo que ela carrega dentro de si, pelo que ela oferece ao outro através de seus gestos e palavras, pelo que ela consegue fazer de bom e honesto sem rodeios, sem ter que exigir aplausos ou usar de sua posição para exercer uma certa autoridade, que não tem nem com as formiguinhas que andam na sua latinha de açúcar. Uma pessoa bem-sucedida se preocupa com o outro e não se faz de desentendida quando o negócio é ser gente de coração. Se tem uma coisa que eu aprendi nessa vida é que precisamos ser superiores a qualquer sentimento contrário ao amor e à humildade e que ninguém cresce diminuindo o seu semelhante, ninguém consegue alcançar o topo sem antes aprender a retirar as pedras do caminho, ninguém pode ser grande se tiver a alma pequena e doente de orgulho. Se o pavão fosse uma ave tão perfeita e bela como se apresenta, ele não tentaria esconder os pés.

Diariamente somos presenteados com novas oportunidades. Acima das dores que nos fortalecem, das lutas que nos preparam e das perdas que nos mudam, há Deus, nos fazendo crescer e, sobre tudo, Ele é maior.

SEJA MELHOR A CADA DIA

A vida é feita de oportunidades, perdas e ganhos. Não sabemos o que virá pela frente, não podemos prever o futuro. Se assim fosse, nós evitaríamos os erros, não perderíamos pessoas amadas, não sofreríamos aflições, não teríamos que encarar esta realidade tão dura conosco quando deixamos que certas situações nos roubem uma grande chance de sermos melhores do que ontem. O 'para sempre' é gerado em nossa memória pelo que realizamos tanto em atos quanto em sentimentos e nada passa despercebido aos olhos de Deus. É Ele o grande guardador das terras em que plantamos as nossas sementes e o dono do tempo. É por esse motivo que não podemos deixar o agora à mercê do depois, é por esse motivo também que não devemos, de maneira alguma, desperdiçar as gentilezas do nosso coração com aquilo que não é proveitoso. Nem permitir que o amor, a esperança e a fé que depositamos em tudo o que construímos se percam pelas circunstâncias. Sim, é preciso amar as pessoas com toda a força que o amor tem, é preciso arar a terra, plantar boas sementes, deixar que as chuvas caiam e, na medida do possível, observar o nosso plantio para que nenhuma erva daninha cresça junto com ele e estrague toda a nossa plantação. É preciso querer ter alma naquilo que fazemos diariamente para que no amanhã, que desconhecemos, a nossa história seja bonita e sirva de incentivo para quem tem sonhos, metas, objetivos, mas não tem esperança e nem força para lutar. É preciso viver, amar, agradecer e perdoar sempre que necessário sem reclamar da vida, sem recuar. É preciso olhar para a frente sem desejar o ontem que se foi, sem desperdiçar o presente e sem temer o futuro. É preciso entender que felicidade não se procura, se reconhece em tudo aquilo que possuímos. Aquilo que não tem preço, mas tem muito valor e muita importância para nós. Às vezes nos ocupamos com tantas preocupações que nos esquecemos de agradecer, de abraçar, de sorrir, de fazer o bem, de amar devidamente e aproveitar os segundos que nos são presenteados por Deus. Às vezes estamos tão focados em expectativas que deixamos o hoje para o amanhã. Às vezes estamos tão atentos ao mal que o outro nos fcz que deixamos o amor para depois. Às vezes estamos tão confiantes no tempo que criamos, à nossa maneira, que nos esquecemos que a vida é como um sopro. Hoje estamos aqui, amanhã podemos não estar.

A GENTE AGUENTA SIM

Não tenho dúvidas de que Deus sempre esteve comigo em todas as batalhas. Que Ele sempre me estendeu as suas mãos e me ensinou a ter os pés no chão quando os meus sonhos me levaram além das minhas possibilidades. É por esse motivo que não deixo de adorá-Lo e glorificá-Lo por cada degrau permitido, por cada bênção, por cada milagre alcançado, por cada desejo realizado. A gente não espera muita coisa quando a vida nos cobra paciência, força e coragem. Somos humanos e, vez em quando, o cansaço chega, assim como as dores da alma. Passamos pelo processo das esperas e acreditamos que tudo será no nosso tempo, do nosso jeito, e não é. Somos surpreendidos muitas vezes. Somos levados a crer que o que passamos de ruim talvez tenha até nos machucado um pouco, mas nos trouxe força, nos trouxe o que é verdadeiro, nos acolheu no melhor. Nada passa despercebido aos olhos do Senhor. Nada mesmo. Às vezes, quando algo não dá certo para nós, é porque lá na frente algo maior está para acontecer. Às vezes algumas pessoas se afastam e a gente se entristece por não entender o porquê, mas, lá na frente, bem no finalzinho da estrada, descobrimos que seguirmos sem elas era muito importante para o nosso crescimento pessoal e espiritual também. Às vezes passamos pelo estágio da preparação. Digo isso em relação a todas as áreas da nossa vida. Achamos que não vamos aguentar, superar, vencer, conquistar, e o Senhor muda a nossa história com um estalar de dedos. Nos entrega o novo e o que realmente vai fazer a diferença em nós. É por essa razão que eu digo sempre que o trabalhar Dele é inexplicável e o agir Dele é tremendo. Não sou uma pessoa totalmente realizada, tenho muito o que acrescentar em mim ainda, mas posso te afirmar que sou alguém que acredita em amanhãs bonitos, em bênçãos inesperadas e em propósitos divinos. Para quem tem fé o acaso não existe e eu sou prova viva de que nada é em vão. Portanto, eu também sou mais uma a te dizer: se você ganhar um limão, faça, sim, uma boa limonada e beba sem fazer cara feia. Aquilo que parece ser ruim pode ser uma grande porta te convidando a subir, a se reerguer, a crescer. Deus transforma maldição em bênção. Ele faz milagres extraordinários acontecerem, Ele muda toda e qualquer situação, Ele nos faz olhar para a vida com mais certezas, Ele realmente tem um jeito incrível e inexplicável de cuidar de nós.

VENCENDO NOS RELACIONAMENTOS

1 - A PESSOA CERTA EXISTE SIM

Já li muitos escritos oferecendo um pré-requisito para que se encontre um grande amor como se fosse uma mercadoria. Algo que a gente encontra na banca da esquina, no supermercado do Zezinho, na loja da Maria ou lá no hortifrúti do Sr. Tião. É até bacana e normal sonharmos com o país da Alice, esse mundo encantado de príncipes e princesas, mas a nossa realidade é muito, mas muito, mas muito diferente mesmo de tudo aquilo que desenhamos para nós em diários e contos. Você planeja e põe no lápis aquela pessoa toda certinha da vida, de repente aparece aquela imperfeita, cheia de sonhos como você, mas totalmente ao contrário de tudo aquilo que você imaginou. O que fazer? Eis a questão, o nosso coração ansioso tem exigências e urgências, mas Deus trabalha é nas esperas. O nosso coração apressado é cheio de planos, mas a vontade do Senhor para a nossa vida vai além deles. Se você escolher esperar o tempo certo, se esbarrará com a pessoa certa e imperfeita, à procura de alguém como você. Não importa a sua classe social, não importa o seu físico, não importa a sua idade, o que o Senhor tem para a sua vida é lindo, é perfeito e vai acontecer. Não entregue o seu coração a qualquer um por carência, solidão, cobranças alheias ou medo. Não se sujeite a um relacionamento que só te trará frustrações futuras. Não coloque os seus sentimentos nas mãos de quem não irá cuidar de você, te valorizar, te querer com a mesma intensidade da sua alma. Não queira mostrar para o mundo uma felicidade que não existe em você. Escolha esperar. Os milagres que Deus realiza em nossa vida são inexplicáveis e Ele pensa nos mínimos detalhes. Ele nos vê de forma diferente e o que Ele prepara para a gente não é tampa de panela, não é cereja de bolo, nem metade de laranja, porque não somos seres incompletos, dependentes de alguém que nos ampare. Somos dádivas, somos a Sua melhor obra, somos pérolas guardadas para sermos entregues a quem realmente souber cuidar de nós e nos valorizar. Tem gente por aí dando mais importância à língua do povo e ao tempo do que ao próprio coração. Deixando-se levar pela vaidade de ter alguém do lado. Trocando de namorado como se troca de roupa e se abandonando aos poucos sem perceber. Outras estão se achando a pior pessoa do mundo, complexadas, se autodenegrindo por estarem sozinhas, como se fossem as únicas na face da terra a não terem um relacionamento. Outras estão batendo em ponta de faca, correndo atrás de alguém que pouco se importa. Sofrendo, implorando migalhas, afetos, atenção e carinho. Empurrando com a barriga um amor não recíproco e se mutilando por dentro, silenciosamente, só para manter as aparências. Não se esqueçam: tudo que chega a seu tempo traz alegrias e satisfações por ser completo, por ser perfeito, por ser da gente e para gente. Se queiram bem e se amem também.

2 - NEM TODO RELACIONAMENTO ACABA POR FALTA DE AMOR

Às vezes, aliás, quase sempre, o amor continua. Porém, os ingredientes necessários para que ele permaneça atuando estão em falta e, por esse motivo, surge a insegurança, acompanhada da frase mais triste: "não dá mais". Relacionamentos que antes eram sadios e admiráveis se tornam doentes e exaustivos. Para haver paz e reconciliação, tem que haver respeito e perdão. Um tem que saber ouvir o outro sem julgar ou cutucar feridas passadas. Sem tentar resolver uma situação trazendo de volta um passado que já foi resolvido há algum tempo. Comportamentos imaturos causam distanciamentos e estes significam que o fim está próximo, que as coisas não estão indo bem. Dentre eles, estão:

As ausências:

Não estou falando de prisão, algemas, ficar colado 24h por dia ou ser carrinho de mão do outro. Estou falando de descaso, desinteresse, falta de compreensão, diálogo e cuidado. Ausências afetivas, que faz o outro se sentir um "tanto faz", mesmo em companhia de corpo presente. Ausências nos planos, nos sonhos. Ausências nas responsabilidades diárias a dois. Se não houver tempo um para o outro, os afastamentos chegarão de leve e a individualidade também. A falta de comunicação e interação causam danos e tristezas e isso é uma janela aberta para o fim.

Controle desenfreado:

O outro precisa de espaço e a gente também, mas quando se trata de relacionamento é claro que algumas privacidades mudam. Entretanto, isso não quer dizer que podemos ser tão invasivos a ponto de dominar o outro. A ponto de marcar hora ou querer dominar tudo o que o outro faz. A lealdade consiste em um se doar ao outro naturalmente e com compromisso. Não com cobranças tolas e cheias de questionamentos. O que vem pela força dói e não nos deixa bem. A tranquilidade nas relações consiste na fidelidade livre, na qual o outro sabe exatamente o seu lugar e o seu limite. Isso não quer dizer que você tem que aceitar tudo, de maneira alguma, mas ter controle em seus atos e aprender a agir de forma correta, sem agredir, desrespeitar ou impor.

Ciúme doentio:

Ninguém consegue sobreviver debaixo da água por muito tempo se não houver oxigênio. O ciúme excessivo faz mal para quem sente e para quem é sobrecarregado por ele. Além de fantasiar situações, manipular pensamentos, causar inquietação e desconfiança, ele também domina as atitudes de uma pessoa, tornando-a refém de suas inverdades e imaginações doentias, tirando-lhe toda a liberdade de viver, sentir e amar por inteiro. Ele consegue criar situações que não existem, além de causar brigas, desgastes e constrangimentos para ambos. *O amor não arde em ciúmes* (1 Coríntios 13:4).

Uso indevido de redes sociais:

Privacidade não tem nada a ver com libertinagem e falta de caráter. Tem que ter equilíbrio, bom senso e respeito quando o relacionamento é sério e quando o outro deposita em você sua total confiança. Não podemos nos esquecer que quando estamos com alguém a nossa privacidade se torna limitada. Tem muita gente errando 'em off' e se esquecendo que Deus tudo vê. Se o compromisso é sério, então tudo que se envolve nele é sério também; a começar pela fidelidade e pelo comportamento, principalmente quando ninguém está vendo. É muito comum hoje em dia casais terem suas redes sociais para trabalho e terem interações diversas, mas cada um deve saber até onde pode ir. Privar o outro de estar junto através de senhas, bloqueios e outras ferramentas é gerar desconfiança. Esconder contatos, apagar mensagens, evitar que o outro esteja por dentro do que você faz em suas redes sociais também. Quando se quebra a confiança, a insegurança entra em cena trazendo consigo uma série de sentimentos ruins.

Falta de perdão:

Tem gente que perdoa da boca para fora. Diz que ama, que está de boa, mas na primeira oportunidade, na primeira insatisfação, joga o erro passado na cara do outro. Isso não é perdão, é veneno guardado. Cuidado! Remoer feridas é cultivar mágoas. Quem vive dessa maneira, ao invés de trazer paz e renovação, só causa mais dor e decepção a si mesmo e ao outro. Perdoar é lançar fora aquilo que não está sendo útil dentro de nós. É se livrar do que não está edificando. É dar mais uma chance, acreditando em novos caminhos, novos pensamentos e novas atitudes. É acreditar que as coisas podem dar certo novamente e de um jeito diferente.

Críticas desnecessárias:

Ei, se você não consegue elogiar ou fortalecer o outro em seus objetivos, não critique, não aponte defeitos, não o coloque pra baixo, não o trate com falta de maturidade. Certas críticas chegam como flechas, não ajudam, só ferem e, aos poucos, o outro vai perdendo a motivação por ser ferido indiretamente por quem deveria cuidar do seu coração. Há 'brincadeirinhas' que são desnecessárias e sem graça. Você está do lado é para ajudar, proteger, deixar bem e não para derrubar, entristecer ou fazer sofrer. Palavras (mal)ditas causam estragos emocionais e não entramos na vida de alguém com o intuito de destruir, mas para somar e fazê-lo se sentir importante para nós e para si mesmo.

Desacordo:

Se estiverem de mãos dadas e um estiver indo para o sul e o outro para o norte, um sairá com graves hematomas na alma e ambos não conseguirão chegar a lugar algum devido aos conflitos construídos no caminho. *Dois corações NÃO PODEM SEGUIR EM FRENTE se entre eles não houver acordo* (Amós 3:3). É preciso diálogo e concordância. É preciso saber ouvir, calar e falar sem que um se ache superior ao outro. Deus se agrada disso, Ele habita onde há paz e acordo.

Acima de qualquer comportamento citado, aprenda que: um relacionamento, para dar certo, precisa estar na vontade de Deus. Precisa ter uma fé bonita, construindo o amor todos os dias mesmo com as dificuldades diárias. Ore por quem você ama! Tenha paciência, sabedoria, visão, tolerância e acredite: o que o Senhor faz, ninguém desfaz. Se a sua vontade de vencer é maior, então opte pelas mudanças necessárias em você.

3 - A CURA DE UM NAMORO QUE NÃO VALEU

Não é fácil passar pelo processo do fim. Não é fácil ter que colocar a vida no lugar, ajeitar o coração, recomeçar com menos um em nossa vida. Há apegos, costumes e hábitos a serem superados. Há uma vida que precisa de continuidade, de novidades, e isso é complicado para quem se dedicou, amou e cuidou. Esse período é muito delicado e muito demorado também. Além da despedida, do término, do fim, é preciso também o desapego. Relações que deixam sobras para trás quase sempre doem mais. Não sei explicar exatamente como funciona, mas aprendi que é necessário dar um fim em tudo o que está ligado à mente e ao coração e isso inclui saudades, lembranças e até os presentes engavetados que a gente tem mania de guardar para chorar depois. O fim é desastroso, deixar ir querendo que fique é doído, mas, quando não se tem aquela cola que cola, aquele sentimento que faz feliz e aquela vontade a dois de um aguentar o outro, mesmo em dias difíceis, não dá para manter um 'serumaninho' laçado onde só cabem valores e sentimentos bons. Há quem diga que não é bem assim que funciona, que a gente tem que dar uma, duas, três chances, que a gente tem que lutar por quem amamos, que a gente tem que fazer valer a pena. Eu cá digo que é verdade, desde que tudo isso não nos sugue a liberdade de viver, respirar, dar sentido à nossa vida. Desde que não coloque em nosso rosto a tristeza da não reciprocidade, desde que não nos faça passar por certos constrangimentos, como todos saberem que não é de verdade, só a gente que não. Estou falando de namoro, de uma relação que não está em um estágio mais avançado da vida, que ainda não construiu família e que pode se salvar de muitas complicações futuras, estou falando de jovens casais nos quais só um enxerga o quanto o outro é importante, enquanto o outro não dá importância a nada. Eu acredito muito no melhor de Deus quando deixamos de lado o que não está florescendo em nós e aposto, sim, em amor bonito e contos, não de fadas, mas de uma realidade aceita pela gente e de uma nova história escrita com quem realmente merece morar no coração da gente. Se é que você me entende. Cuidem-se! O que não vale o nosso sorriso, também não vale o nosso tempo.

NADA É EM VÃO

Dizem que depois de um leve tempo a gente aprende, e eu acredito muito nisso. Depois de uma jornada bem vivida, de algumas experiências e fracassos, a gente começa a ver a vida de outra forma, e talvez até com mais maturidade do que antes. Olhamos a nossa volta e começamos a nos admirar mais, a nos querer mais, a nos priorizar. Descobrimos, talvez até por algumas perdas e decepções, que a nossa vida tem uma grande importância, e que fazer os nossos dias valerem a pena, sem carregarmos erros, culpas ou mágoas passadas, só nos trará benefícios futuros. Sim, a gente cresce de uma maneira tamanha, que passamos a nos preocupar responsavelmente com a nossa grama, com o nosso jardim em flor, com a nossa vida gerada por dentro, os quais deixamos de lado, muitas vezes, por ocupações desnecessárias. A gente dá uma grande volta por cima: as superficialidades já não nos atingem. Pessoas de sentimentos rasos já não nos preenchem como achávamos que preenchiam e aquilo que falavam a nosso respeito por deduções maldosas já não fere mais a nossa alma. Descobrimos com este leve percurso do tempo que não há mais espaço em nós para amarguras. Os lugares que antes doíam são cicatrizados pelo amor que nos permitimos sentir, e pelas permissões que damos a Deus de nos curar, proteger, cuidar, ensinar e reconstruir. A gente leva muitas topadas da vida, se esbarra em muitas situações difíceis, se desequilibra com corações que não conseguem entender o nosso, apanha mais do que tudo sem ninguém ver, mas a gente acaba aprendendo direitinho a ser exatamente aquilo que Deus quer que sejamos, ter o melhor d'Ele, sem dependermos do que os outros pensam e a viver desfrutando de tudo de bom que Ele nos prepara. Ele sempre sabe o que faz!

UM BILHETE POR 20 DIAS

Fiz alguns bilhetinhos precisos, alguns lembretes necessários e em um deles escrevi a seguinte frase: Haja o que houver, que eu nunca deixe de confiar Naquele que me coloca de pé todos os dias e que eu jamais me esqueça de agradecer-Lhe pelo bem que Ele me faz e pelos milagres que Ele me traz.

1º dia

*[...] que nenhuma raiz de amargura, brotando, vos perturbe, e
por ela muitos se contaminem.*

(Hebreus 12:15)

Guarde o seu coração de ressentimentos e mágoas. Evite
se envolver em situações que te tirem da graça de Deus e
da boa e perfeita vontade Dele. Não permita que nenhuma decepção gere em você raízes amargas a ponto de contaminar os outros a sua volta. Se proteja do que é mal,
viva a sua vida com a alma leve e com a consciência tranquila e em paz. Seja você uma bênção.

2º dia

Do mal que tira a nossa paz, da dor que rouba a nossa esperança, da dúvida que enfraquece a nossa fé, da incredulidade que contamina a nossa confiança e do ódio que nos distancia do amor, livrai-nos, Senhor.

3º dia

*Confia ao Senhor as tuas obras, e teus pensamentos serão
estabelecidos.*

(Provérbios 16:3)

Faça planos, você pode. Sonhe, você pode também. Mas, acima de tudo, deseje a vontade de Deus em seus sonhos e planos. O que Ele tem para você é maior. Confie a Ele cada desejo do seu coração, descanse nas promessas Dele e não duvide jamais. Seja lá o que for, Ele pode fazer por você o que ninguém pode. O impossível pertence a Ele. Portanto, coloque tudo nas mãos Dele e Ele fará o melhor na sua vida.

4º dia

A gente se supera, sim. De um tombo, de uma traição, de uma indiferença, de uma amizade que não nos deu a mínima atenção, de uma decepção ou de um amor mal resolvido e ignorado. Superamos quando resgatamos das mãos do outro o nosso valor que, por descuido sentimental, deixamos que ele possuísse.

5º dia

Tudo bem que você seja uma ótima pessoa, pronta para ajudar a quem precisa e super disponível a todos. Mas você não é de ferro! Lembre-se disso. Você tem que se cuidar, e não achar que pode carregar o mundo de problemas dos outros em suas costas. Dê-se um tempo. A vida pede paradas obrigatórias e o nosso coração pede descanso, amor e paz.

6º dia

Jamais se ache superior a ninguém nessa vida, principalmente quando você ajuda alguém em alguma situação. Sinta-se privilegiado, porque é assim que Deus faz aos que se dispõem a Ele – usa como instrumento para responder a algum pedido feito em oração, seja lá de quem for. Ele sabe o que faz.

7º dia

Às vezes você fica aí esperando muita coisa de uma pessoa, confiando que é dela que virá algo que o seu coração tanto espera, tanto deseja, e Deus trabalha de outra forma; usa quem você nem imaginava e te faz entender que é Dele que você deve depender e não dos outros.

8º dia

Enquanto a sua fé for exercida, em qualquer circunstância, sempre haverá em sua vida e em seu coração esperança de dias melhores e certezas de sonhos realizados.

9º dia

O respeito é uma virtude primordial na vida de qualquer ser humano. Se ele lhe faltar, com certeza lhe faltarão também o bom senso, a boa educação e as boas relações humanas que precisamos ter para sermos realmente pessoas notáveis neste mundo tão carregado de superficialidades.

10º dia

Mas, quando tu deres esmola, não saiba a tua mão esquerda o que faz a tua direita.

(Mateus 6:3)

Se você puder fazer o bem, faça. Mas faça sem esperar nada em troca ou sem cobrar nada da vida ou de alguém. Faça porque te faz bem, faça pelo amor que você tem, faça porque algum dia alguém te fez bem também. Não há nada mais gratificante na vida da gente do que poder aliviar o coração de alguém, trazer paz, alegria e reconhecimento. Mais bonito que falar de amor é fazer ele acontecer. É surpreender, é exercer.

11º dia

Não admitirás falso boato, e não porás a tua mão com o ímpio, para seres testemunha falsa.

(Êxodo 23:1)

Não seja um semeador de discórdias, não fale mal do alheio, não espalhe inverdades a respeito do seu próximo, não empreste os seus ouvidos a fofocas. Não seja um instrumento do mal. Nossos lábios são para espalhar palavras que edificam. São divulgadores do amor e da paz. São feitos para o louvor do Senhor e não para destruir a reputação de ninguém. A fofoca procura um solo fértil para se reproduzir e, quando encontra, se multiplica, causando grandes estragos na vida dos outros. Faça o bem e fuja de mentirosos.

12º dia

Quando a gente se aceita de verdade, a gente se liberta dos achismos alheios e da obrigação que eles colocam em nossos ombros de termos que agradar sempre.

13º dia

Não tornando mal por mal, ou injúria por injúria; antes, pelo contrário, bendizendo; sabendo que para isto fostes chamados, para que por herança alcanceis a bênção.

(1 Pedro 3:9)

Fique na sua! Silencie! Deixe Deus te exaltar. Aqueles que andam falando mal do seu ministério, zombando da sua fé e duvidando da sua unção ainda vão ouvir falar muito sobre você por aí. Foi assim com Davi quando duvidaram da sua força, fé e coragem. Tiveram que contemplá-lo sendo honrado pelo rei e desfilando com a cabeça do gigante nas mãos. Perdoe e siga em frente sem permitir que o mal te pare e contamine o seu coração.

14º dia

Aparta-te do mal, e faze o bem; procura a paz, e segue-a.

(Salmos 34:14)

Foque no que é prioridade e vá levando como der o que não for. Mas não se atrase pelo que não vale a pena ou pelo que não muda nada em você. Não se abandone, não se dê por vencido diante de uma luta, nem coloque em jogo a sua paz e o seu bem-estar com você e com Deus por situações que realmente não merecem a sua atenção, nem o seu tempo. Invista no seu sorriso, aposte na sua tranquilidade, se coloque à disposição da vida, se cuide, se respeite e seja feliz pelo que você é e pelo tanto de amor que você carrega no peito, que não é da conta de ninguém. Descanse a alma, o corpo, o coração e, quanto mais abençoado você for, mais exerça a gratidão. Se afaste do que é mal e se proteja dele também. Fique bem.

15º dia

Não subestime o outro em seus tempos difíceis. Há pessoas que revelam sua força em suas fraquezas e, muitas vezes, dão um show de superação em quem já se vangloriava em sua queda.

16º dia

Não force a barra, não force o riso, não force a amizade, deixe o coração entrar no clima, deixe a liberdade tomar espaço. Nada por força ou obrigação presta. As coisas verdadeiras acontecem quando menos esperamos. Florescem pelo amor que doamos e não pelo que exigimos. De cobranças, quase que cansativas para nós, já bastam as responsabilidades diárias que temos na vida que muitos desconhecem.

17º dia

E Jesus disse-lhe: Se tu podes crer, tudo é possível ao que crê.

(Marcos 9:23)

A situação difícil que você enfrenta hoje não é motivo para que você desista da vida ou recue em seus objetivos e sonhos. O seu futuro não se baseia nas tragédias que você já viveu, ele não está ligado às adversidades que você enfrenta e sim à sua fé exercida e à sua confiança em Deus. Não compare o seu momento de agora com o que Deus te prepara. Apenas aprenda a lidar com cada situação sem perder o seu chão.

18º dia

Bons pensamentos geram bons frutos

Os seus pensamentos têm uma grande finalidade, trabalhar juntamente com os propósitos de Deus em sua vida. É por isso que eles precisam ser puros, bons, positivos e, acima de tudo, confiantes. É por isso que eles precisam te encorajar a exercitar a fé e passar aos seus lábios palavras de vitórias, sempre. É por isso que eles precisam permitir que o Senhor realize em você toda boa obra, fazendo com que o seu coração receba o melhor Dele e tenha paz, alegria e satisfação em viver a vida. Espalhar motivação, coragem e muito amor por aí. Não permita que os maus pensamentos atropelem os seus sonhos e te impeçam de seguir em frente.

19º dia

Não há santo como o Senhor; porque não há outro fora de ti;
e rocha nenhuma há como o nosso Deus.

(1 Samuel 2:2)

Não tenha medo de nada. Deixe Deus dirigir a sua vida e fazer o que for necessário. O que a gente não vê, Ele vê. Ele sabe muito bem o que deve ser tirado e o que deve ser acrescentado em nosso caminho. Às vezes, Ele nos leva para o deserto e nos faz reconhecer a nossa fragilidade e dependência. Outras vezes Ele nos distancia de Si para nos provar o seu cuidado, proteção e amor. Mas a certeza é uma só: Ele nos livra de todo o mal e nos coloca acima de qualquer adversidade. Ele está no controle de tudo. Ele é maior.

20º dia

Tu conservarás em paz aquele cuja mente está firme em ti;
porque ele confia em ti.

(Isaías 26:3)

Deus está no controle de tudo e, quanto mais buscamos a Ele, mais fortalecidos ficamos. Quanto mais confiamos em seus propósitos e cuidados, mais avançamos. A vontade Dele em nós e para nós é perfeita. É Nele que encontramos paz quando nos colocamos totalmente em seus cuidados. Quando realmente firmamos os nossos passos na fé que nos guia e descansamos o nosso coração.

RECOMENDAÇÕES FINAIS

Você tem uma vida que merece ser respeitada e um coração que precisa ser protegido. Você tem um futuro pela frente, e é claro que sonhos grandiosos latejam nele. Você tem um caminho longo que às vezes parece não ter fim, mas também tem aquelas paradas obrigatórias que te mostram o quanto você já superou tantas guerras, dores e sofrimentos. Você tem uma coragem inexplicável, uma força tremenda e um Deus grande e poderoso te afirmando todos os dias: "eu estou cuidando de você". Você tem metas, planos e objetivos que necessariamente te farão entender o quanto é prazeroso lutar pelo que se quer e o quanto a vontade do Senhor sobre eles é tremenda. É por esses e por tantos outros motivos que você precisa continuar vivendo, tentando, enfrentando os gigantes pela frente; acreditando e se superando dia após dia. A sua vontade de vencer tem que ser maior do que os cansaços e as desistências. Ela tem que ser maior do que toda a maldade de outros corações que desconhecem a sua história. Ela tem que ser maior do que os seus pensamentos negativos e medos. Siga em frente de cabeça erguida, olhe para a fé que te guia, creia em possibilidades, em recomeços e se dê uma oportunidade de ser feliz. Sim, os planos de Deus são maiores e o que Ele tem preparado para a sua vida vai muito além do que você ou qualquer outra pessoa imagina. Você nasceu para vencer. Importe-se com a sua vida e, se possível for, se dê muito amor. Não se sinta incapaz, nem inferior. Sinta-se protegido e amado. Do fundo do meu coração, eu te desejo dias melhores e espero que cada linha escrita faça sentido para você. Lembre-se do quanto você é importante.

AGRADECIMENTOS

A Deus, sempre, e a todos os meus amigos, familiares e leitores especiais. Sozinhos não conseguimos, não avançamos e não viramos nada. Minha gratidão a todos por fazerem parte da minha torcida.

Cecilia Sfalsin é também autora dos livros "Minha vontade de vencer é maior" e "Se Dê Amor", ambos lançados pelo selo Trinca Edições que pertence à Crivo Editorial.

https://crivo-editorial.lojaintegrada. com.br/seguir-em-frente

https://crivo-editorial.lojaintegrada. com.br/se-de-amor-

https://crivo-editorial.lojaintegrada. com.br/kit-presente-cecilia-sfalsin

http://crivo-editorial.lojaintegrada.com.br/